Death Has a Shadow

Joe Pagano

GOGAKU SHUNJUSHA

*This book is published in Japan
by Gogaku Shunjusha Co., Inc.
2-9-10 Misaki-cho, Chiyoda-ku
Tokyo*

*First published 2006
© Gogaku Shunjusha Co., Inc.
Printed in Japan, All rights reserved.*

はしがき

　言語の学習にはテレビ，ビデオよりもラジオやＣＤのほうがはるかに適しているといわれる。それは音だけが唯一のコミュニケーションの手段だからだ。映像がない分，耳の働きは一層鋭敏になり，聴きとる力は確実にアップする。それは理論的にも証明済みである。
　アメリカで制作されたこの『イングリッシュ・トレジャリー（英語の宝箱）』は，その観点からリスニングの究極の教材といえるだろう。
　英米の名作，傑作が放送ドラマ形式で作られているので，登場人物のセリフがまるで目の前でしゃべっているかのように聞こえてくる。しかも，効果音が実によく挿入されているので，胸に迫る臨場感は格別だ。一瞬たりともリスナーの耳を離さないすばらしい出来栄えである。
　しかも，ドラマの出演者は，アメリカ・ハリウッド黄金時代を飾ったスターたちだ。人の言葉とはこんなに魅力あるものかと，あらためて感動を呼ぶ。
　『イングリッシュ・トレジャリー』のよさは，またその構成のうまさにあるといえよう。物語の進行に伴う場面ごとに適切なナレーションが入って，ストーリーの背景を説明してくれるので，リスナーの耳は瞬時にその場面に引き込まれる。そして，会話によどみがない。
　名作を十分堪能しながら，同時に総合的な語学学習ができるところに，この教材の利点がある。
　「リスニング力」の上達はもちろん，ストーリーの中で覚えられる「単語・会話表現」，そしてシャドウ（あとからついて言う）もでき，かつ，英語シナリオ一本まるごと読むことで身につく「読解力」と，まさに一石三鳥，いや四鳥の「英語の宝箱」だ。
　どの作品を取り上げても文句なく楽しめるシリーズだ。

CONTENTS

はしがき……………………………………… iii
シリーズの使用法…………………………… v
CD INDEX 一覧……………………………… vi
作　品………………………………………… 1
SCENE 1 ……………………………………… 2
SCENE 2 ……………………………………… 4
SCENE 3 ……………………………………… 12
SCENE 4 ……………………………………… 18
SCENE 5 ……………………………………… 26
SCENE 6 ……………………………………… 30
SCENE 7 ……………………………………… 34
SCENE 8 ……………………………………… 44
SCENE 9 ……………………………………… 46
SCENE10 ……………………………………… 50
SCENE11 ……………………………………… 60
SCENE12 ……………………………………… 68

●シリーズの使用法

英検1級レベル

　まず，英文シナリオを見ずにCDに耳を集中する。第2ステージでは，聞き取れなかった部分及び「これは」と思った慣用表現を英文シナリオでチェック。最終的には口頭でシャドウできるまで習熟することが目標です。

英検2級～準1級レベル

　英文シナリオを参照しながら，CDを聴くことから始める。第2ステージでは，英文シナリオの完全理解を図る。と同時に，重要な会話表現や単語をどんどん身につけていく。第3ステージでは，対訳を参照しながら，CDを聴いてみよう。シナリオなしにCDが聞き取れるようになれば卒業だ。

英検3級～準2級レベル

　対訳を参照しながら，まず英文シナリオをしっかり読む。第2ステージでは，英文シナリオを参照しながらCDを聴こう。音声のスピードに慣れるまでは，章ごとに切って，何度も聴きながら，学習を進めてください。未知の単語や会話表現をどんどん覚えるチャンスです。

　第3ステージでは，対訳を参照しながら，CDに集中する。この頃には，耳も相当慣れてきて，リスニングにかなりの手応えが感じられてくるだろう。

　物語の選択にあたっては，難易度表の「初級～中級レベル」表示の比較的易しめのものから入っていくことをお勧めする。

CD INDEX 一覧

	本文ページ	該当箇所	冒頭部分
1	2	**SCENE 1**	Don't ever answer a telephone just because ...
2	4	**SCENE 2**	That's why I couldn't stand being home ...
3	12	**SCENE 3**	I couldn't get it out of my mind.
4	18	**SCENE 4**	I kept on calling, everywhere, every bar ...
5	26	**SCENE 5**	I started to go and I wasn't going to stop, ...
6	30	**SCENE 6**	My eyes were drawn to the clock again.
7	34	**SCENE 7**	Well, we have to start with the day ...
8	44	**SCENE 8**	Seems like a long time ago, Joe.
9	46	**SCENE 9**	... And the only defense offered by the accused ...
10	50	**SCENE 10**	I was out of town when Lilly was murdered, ...
11	60	**SCENE 11**	Bolster. It was Bolster standing there, ...
12	68	**SCENE 12**	Now, it didn't happen to you, Warren.

（本CDは歴史的に貴重なオリジナル音源を使用しておりますので、一部お聴きぐるしい箇所が含まれている場合もございますが、ご了承ください）

作 品

　夜，人気のないオフィス・ビルの一室，ウォーレン弁護士事務所に電話のベルが鳴りひびく。暗殺予告の電話であった。ウォーレンは死地に立たされていることに気づく。ビルの通路はエレベーターを除いて，すべて閉ざされている。この窮状を救ってくれるのは，親友の警部補ジョーしかいない。
　ダイヤルがジョーにつながらないまま，予告された時刻，22時に時計の針は刻一刻近づいていく——しのびよる暗殺者の影，思わぬドンデン返し。名優ボブ・ホープ熱演の最高のサスペンス・ドラマである。
　原作者ジョー・パガーノ（1906～1982）は，デンヴァー生まれのシナリオ・ライター，イラストレーター。
　主演ボブ・ホープ（1903～2003）は，20世紀のアメリカを代表する役者・コメディアンであり，ブロードウェイでの演劇やラジオ，映画，テレビなど幅広い分野で活躍した。代表作は，ビング・クロスビー，ドロシー・ラムーアと競演したロード・ムービー『スパイはブルネットがお好き』（My Favorite Brunette）など。
　日本でヒットしたホープの主演映画としては，1948年のミュージカル・コメディ西部劇『腰抜け二挺拳銃』などがある。グラマー女優ジェーン・ラッセルと共演したこの映画でホープが歌った『Buttons And Bows』（ボタンとリボン）は，「バッテンボー」の歌として日本でも話題になった。その皮肉な毒舌と機知で広く親しまれ，1930年代から1990年代まで第一線級の芸能活動を続けた。

Warren:
(Naration)

Don't ever answer a telephone just because you've got nothing else to do, just because you're curious. (*music*)

1

War (Nar):

I was sitting in my big red leather swivel chair, my feet on the largest mahogany desk money could buy, a bottle of the best Scotch balanced between my special custom-built shoes. Everything's the best. That's the way I like to operate. The gold lettering across my office window spelling out "Harvey Warren, Counselor-at-law." I liked it that way. It had dignity. Yeah, I had everything.

I had a house that rambled for fourteen rooms. I built that house for Lilly. Lilly, she was beautiful. From the top of her auburn hair to the tip of her pretty little toes. Yeah, I had it all, I had everything... till the day my Lilly was murdered.
(*music*)

ウォーレン: (語り)　　ほかに用事がないからといって，ただ好奇心にかられて電話に応じたりするものではない。　　　　　　　　（音楽）

(1)

ウォーレン(語り):　　わたしは大きな，赤い革張りの回転椅子に坐っていた。これ以上はない大きな，最高に値の張る，マホガニー製のデスクに両足をのせ，特別注文で作らせた靴のあいだには，とびきり上等なスコッチのボトルを置いていた。すべてを最高に。それが，わたし好みのやり口だった。事務所の窓には，金色の書き文字で，「弁護士ハーヴェイ・ウォーレン」と書いてある。そんなふうにするのが好みだったのだ。威厳もあった。そう，私はすべてを手にしていた。
　　わたしには，部屋数が 14 もある家があった。その家は，リリーのために建ててやった。リリー，あれはいい女だった。赤褐色の髪のてっぺんから，小さくてきれいな爪先まで，すっかりいい女だった。そうだ，わたしはこれをみなわがものとし，なにもかも手に入れていたのだ……あのリリーが，殺されてしまう日までは。　　　　　　　　　　　　　　　　　　（音楽）

2

That's why I couldn't stand being home anymore. I could smell her cologne in every room. A touch of it on every chair. That's why I was at the office that night, with nobody but the bottle to keep me company. (*phone rings*) And that was the call I should have never answered. But at night, eight stories up in an empty office building, that ringing sounded urgent, like it was the most important thing in my lonely little world.

War: Hello?

Bolster: Warren.

War: Who's this?...Oh.

Bol: You know who this is.

War: Yes, Bolster.

Bol: No names, stupid. What are you doing at your office at this time of night?

War: What do you Want?

Bol: Have you got it?

(2)

　もはや，家になどいることに耐えられなくなったのは，そのためなのだ。どの部屋にも，リリーの使っていた香水の匂いを嗅ぎとってしまうのだった。どの椅子にも，香水の残り香がついていた。あの夜，スコッチのボトルだけを相手に，わたしが事務所にいたのもそんなわけからだった。（電話が鳴る）あの電話こそ，決して受話器をとってはいけない電話だったのだ。ところが，夜，空っぽになったオフィス・ビルの8階で鳴りだした電話は，急を告げているように聞こえた。まるで，独りぼっちのわたしのささやかな身の回りでは，ひどく重大なことででもあるかのように。

ウォーレン:　　もしもし。
ボルスター:　　ウォーレンだな。
ウォーレン:　　どなたですか。……ああ。
ボルスター:　　だれだかわかっているはずだ。
ウォーレン:　　わかっているよ，ボルスター。
ボルスター:　　名前は言うんじゃない，ばかものめ。夜のこんな時分に，事務所で何をしているんだ。
ウォーレン:　　用件は？
ボルスター:　　できているんだろうな？

War: Well, sure I've got it. It's all ready for mailing. I'll drop it off when I leave.

Bol: Don't bother. I'm going to pick it up... tonight.

War: But I told you I'd mail it.

Bol: I've changed my mind. I'm coming over. I'll be there at ten o'clock.

War: Well, I can't make it tonight. I'm leaving, I'm just going out.

Bol: You'll make it alright.

War: Yeah, but why all of a sudden?

Bol: Tonight, Warren. Ten o'clock. And, Warren, don't try anything.

War: What are you talking about? Why should I try anything? What could I try?

Bol: You could be cute enough to figure out something. You're that kind of a guy. So don't try anything. (*hangs up*)

ウォーレン:	ああ，たしかにこしらえてある。郵送する仕度はできているんだよ。ここを出るときに投函しておくよ。
ボルスター:	心配するな。これから頂戴しにいく……今夜。
ウォーレン:	だけど，郵送するって言ったろう。
ボルスター:	気が変わったんだ。これからそっちへ行く。10時に行くからな。
ウォーレン:	ええと，今夜は都合がつかないよ。これから出かけるんでね。ちょうどいま，出かかったところなんだ。
ボルスター:	ちゃんと都合はつけてもらうぜ。
ウォーレン:	ああ，だけどなんだってまた急に？
ボルスター:	今夜だ，ウォーレン。10時だ。それからな，ウォーレン，つまらんことを企（たくら）むんじゃないぞ。
ウォーレン:	なんのことを言っているのかね。どうしてわたしが，なにかを企むというのかな。なにを企めるというんだい？
ボルスター:	おまえは，なにか策をひねりだせそうな抜け目のないやつだからな。おまえはそういうやつだよ。だから，なにも企むんじゃないぜ。（電話を切る）

War (Nar): Something must have gone wrong. All I was supposed to do was mail him his money. What got into him? Why would he want to come to my office now? At night when the building was empty? Couldn't be just the money. He was coming for something else. Something else, but what? (*makes phone call*)

Police
Department: Police Department, Johnessy.

War: Get me Homicide.

PD: Now hold on... He wants Homicide — extension 458.

Mike: Hello?

War: Homicide?

Mike: This is Homicide.

War: Is Joe there — Lieutenant Joe Scaponni?

Mike: Who's calling?

War: Harvey Warren.

Mike: Oh, hello, Mr. Warren. Hope you've been feeling better.

ウォーレン(語り):	なにか，まずいことになったにちがいなかった。わたしのつもりでは，ただ，あの男に金を郵送しさえすればいいはずだった。あの男に，どういう考えが浮かんだのだろう。なぜ，いま，わたしの事務所へ来たがるんだろうか。夜間のことで，ビルには人っ子一人いないこの時間に。単に，金のことだけであろうはずはない。なにかほかのことで，やつは来ようとしているのだ。ほかの用件といっても，それは何なんだ。（電話をかける）
警察署：	こちら警察署，ジョネシーですが。
ウォーレン：	殺人課につないでもらいたいんだが。
警察署：	そのまま電話を切らずにおいてください……殺人課がお望みと──内線の458だ。
マイク：	もしもし。
ウォーレン：	殺人課ですか。
マイク：	こちら殺人課。
ウォーレン：	ジョーはおりますでしょうか──警部補のジョー・スカッポーニですが。
マイク：	そちらはどなたで？
ウォーレン：	ハーヴェイ・ウォーレンです。
マイク：	ああ，こんばんは，ウォーレンさん。お元気だったんでしょうね。

War: Thanks, Mike. I don't have much time. Would you get me Joe?

Mike: He ain't here, Mr. Warren.

War: Well, where is he?

Mike: I don't know.

War: I've got to get to him.

Mike: Something wrong?

War: You gotta locate him, Mike.

Mike: Well, I've got a whole police department, Mr. Warren. Just say the word. What's wrong?

War: Only Joe, he's the only one that can help me.

Mike: Well, he may be calling in.

War: Then tell him to call me, at my office, will you? Don't make any mistake, Mike. I'm at my office. (*music*)

ウォーレン： ありがとうよ，マイク。あまり時間がないんだ。ジョーを出してくれないか。
マイク： ここにはいないんですよ，ウォーレンさん。
ウォーレン： じゃ，どこにいるのかね。
マイク： わかりません。
ウォーレン： ジョーをつかまえなくちゃならないんだ。
マイク： なにか，まずいことでも？
ウォーレン： ジョーの居所をつきとめてくれよ，マイク。
マイク： まあ，このわたしが署の全体を受け持ってはいるんですがね，ウォーレンさん。ちょっと，ひとこと言ってくださいよ。どうしたんです？
ウォーレン： ジョーだけ，あの男だけなんだよ，わたしを助けられるのは。
マイク： そうですねえ，彼から電話が入るかも知れません。
ウォーレン： それでは，わたしの事務所へ電話をくれるように言ってもらいたいんだが，いいね？ 間違えないでくれよ，マイク，わたしは事務所にいるんだからね。　　　　　（音楽）

3

(*sound of dialing*)

War (Nar): I couldn't get it out of my mind. What had made Bolster switch like that? What had gone wrong? Must have figured it out and was coming over for just one thing...to kill me.

Lion Apartments: Lion Apartments.

War: Lieutenant Joe Scaponni, please.

LA: Now one moment.... He doesn't answer.

War: Where can I reach him? He must have left some kind of a message.

LA: I'm sorry, sir, he hasn't been in all evening.

War: Well, tell him to call Harvey Warren.

LA: Yes, Mr. Warren.

War: At my office, understand?

　　　　　　　　　　　　　　(3)

　　　　　　　　（ダイアルを回す音）

ウォーレン(語り)：　どうも，わたしにはあのことが忘れられなかった。ボルスターはどうして，こんなふうに方針を変えたのだろう。どうして予定が狂ったのだろう。やつはきっと，考えぬいたあげく，たった一つのことをしに来るにちがいなかった……つまり，わたしを殺しにだ。

ライオン・アパート：　こちらライオン・アパートです。
ウォーレン：　ジョー・スカッポーニ警部補をお願いします。
ライオン・アパート：　少々，お待ちください……。電話を取り次いでも出ませんけれど。
ウォーレン：　どこへかけたらつかまえられるんでしょう？　なにか，伝言のようなものを置いていったにちがいないんですが。
ライオン・アパート：　申し訳ありませんが，あのかたは，今晩ずっといらっしゃいませんので。
ウォーレン：　ああ，それじゃあ，ハーヴェイ・ウォーレンに電話を入れるよう，おことづてください。
ライオン・アパート：　かしこまりました，ウォーレンさん。
ウォーレン：　わたしの事務所へですよ，いいですか。

LA: Does he have your number, sir?

War: He's got my number. Don't make any mistakes. At my office. He's got to reach me before ten o'clock. That's tonight, understand?

LA: I'll tell him, Mr. Warren. Thank you.

War (Nar): (*dials*) Madge, I've got to try Madge. He's got to be at Madge's place. I should have thought of it before.... Busy. That must be Joe. He's got to be there. That's Joe trying to get me. I've got to wait, have to give him a chance to get through.... Why doesn't it ring? Why doesn't he call? I can't wait. (*dials*) 6694.

Madge: Hello?

War: Madge, baby?

Madge: Oh, hello, Warren. What's this sudden devotion?

War: Oh, Madge, let me talk to Joe and don't tell me he's not there.

ライオン・アパート:	あのかたは，そちらの電話番号をご存じなんでしょうか。
ウォーレン:	わたしの番号は知っています。どうか間違えないでくださいよ。わたしの事務所へですからね。10時前に，わたしに連絡してくれないと困るんです。今晩のですよ，いいですか。
ライオン・アパート:	申し伝えておきます，ウォーレンさん。ありがとうございました。
ウォーレン(語り):	(ダイアルを回す音)そうだ，マッジだ。わたしはマッジに当ってみなければならなかった。ジョーは，マッジのところにいるにちがいない。もっと早くそれを考えつくべきだった……話し中だ。ジョーが使っているにちがいない。彼はあそこにいるのだ。ジョーが私に電話をかけようとしているのだ。待たなくてはいけない。ジョーの電話がつながるいとまをくれてやらなければ……。だが，なぜ電話が鳴らないのだ。なぜ，電話をして来ないんだ。もう待てない。(ダイアルを回す)6694。
マッジ:	もしもし。
ウォーレン:	マッジかい，ベイビー？
マッジ:	まあ，こんばんは，ウォーレン。こんなに突然，わざわざ電話をくれたりしてどうしたの。
ウォーレン:	ああ，マッジ，ジョーと話をさせてくれ。そこにいないなんて，言いっこなしだからね。

Madge: Well, of coures he's not here, Warren. What's the matter with you?

War: Madge, I've got to find him.

Madge: Well, I am expecting him.

War: When?

Madge: Soon.

War: Don't give me double talk, Madge. When?

Madge: We've got a date, ten o'clock.

War: Ten o'clock, that's too late, Madge.

Madge: What's the matter, Warren?

War: Where can I reach him? Where can I find Joe?

Madge: Did you try his hotel?

War: He's not there.

Madge: Well, call Homicide.

War: He's nowhere, Madge.

Madge: What's wrong, Warren?

War: There's no time to explain. Help me find him, please.

Madge: I'll do what I can.

マッジ:	でも，もちろん，あの人はここにいないのよ，ウォーレン。どうしたの。
ウォーレン:	マッジ，どうしてもジョーを見つけなくてはならないんだ。
マッジ:	まあ，わたしもあの人を待っているところなのよ。
ウォーレン:	いつ来る？
マッジ:	もうすぐだわ。
ウォーレン:	あいまいな言い方をしないでくれよ，マッジ。いつなんだ。
マッジ:	10時に会う約束なの。
ウォーレン:	10時か，それでは手遅れなんだ，マッジ。
マッジ:	どうしたのよ，ウォーレン。
ウォーレン:	どこでジョーをつかまえたらいいんだ。どこで見つかるっていうんだ。
マッジ:	あの人のホテルには当たってみた？
ウォーレン:	あそこにはいないんだよ。
マッジ:	じゃ，殺人課へ電話してみたら？
ウォーレン:	どこにもいないんだ，マッジ。
マッジ:	どうしたのよ，ウォーレン。
ウォーレン:	説明しているひまはない。ジョーを見つけるのに協力してくれよ，たのむ。
マッジ:	できるだけのことはするわ。

War: At my office. Don't forget. At my office. Before ten. (*music*)

4

War (Nar): I kept on calling, everywhere, every bar he'd ever had a drink. Favorite restaurants, even the Turkish bath where he played handball and got his rubdown. Joe was nowhere. I looked at my watch. It said 9:31. The clock on the wall showed 9:35. Now I wasn't even sure of the time. (*dials*) I couldn't afford to be wrong about the time.

Speaking Clock: At the tone the time will be 9:35 and ten seconds.

War (Nar): The clock on the wall was right. (*music*) There wasn't much time. Even if I got a hold of Joe, it would be too late. My mind was starting to play tricks. Starting to tie my insides up into a hundred little knots. Suppose Bolster got here early? Suppose he got here before ten and no Joe?

ウォーレン： 　事務所にいるからね。忘れないでくれよ。事務所にいるんだ。10時前にだぜ。　　　　　　　　　　　　　　　　（音楽）

⑷

ウォーレン(語り)： 　わたしは至るところに電話をかけつづけた。ジョーが飲んだことのあるバーにも，残らずかけた。お気に入りのレストランにもかけてみたし，ハンドボールをやったり，マッサージをしてもらうトルコ風呂（サウナのこと）にさえかけてみた。だが，ジョーはどこにもいなかった。わたしは腕時計を見た。9時31分を示していた。壁の掛時計のほうは9時35分だった。いまや，わたしには時間さえもはっきりしなかった。（ダイアルを回す）わたしは，時間を間違えるわけにはいかなかったのだ。

電話時刻案内： 　ただいま時刻は，9時35分10秒になります。

ウォーレン(語り)： 　壁の掛時計のほうが合っていたのだった。（音楽）　もう，あまり時間はなかった。たとえジョーをつかまえたとしても，すでに手遅れだろう。わたしの頭は回転しはじめた。頭の中で無数の考えを，小さな結び目のように編み上げはじめたのだ。もしもボルスターが，ここへ早めに来てしまったらどうする？やつが10時前にここへ来て，ジョーは来なかったとしたら？

I got up in a panic. My shirt was soaked wet to my back. I could run, yeah. I could get away while there was still time. But then Bolster would really know something was wrong. Maybe he wasn't going to kill me. Maybe he was just coming for his money. I had to get rid of the hysteria. Had to get a hold of myself. No use playing guessing games. I opened the door.... I was going to leave. I wasn't going to be a sitting duck for a guy like Bolster.

At that time of night just one elevator was in use. It was directly opposite my office door. The indicator over the door flashed numbers when the car was running. I wanted to press the button to signal for the night man. (*sound of elevator coming up*) Before I could press it, the car started up. Somebody was coming up. I wanted to run. I didn't know where. I was on the top floor.

My eyes went to the ceiling. Down the end of the hallway there was a spiral ladder that led into a trap up through the ceiling. Must have been the opening to the roof. I started to run for it.... I stopped. Silly. When all that time there was a stairway going down. I ran for the exit sign and ducked into the stairway, down one flight

わたしは, あわてて立ち上がった。着ているシャツは, 汗でびっしょり濡れて背中にはりついていた。そうだ, 逃げようと思えば逃げられる。まだ時間があるうちに, 逃げだすこともできるだろう。だが, そうするとボルスターは, まずいことになったのを本当に知ってしまうだろう。ひょっとすると, やつはわたしを殺すつもりではないのかもしれない。ただ, 金を取りに来るだけなのかもしれない。わたしはヒステリー状態を払いのけなければならなかった。自分を見失わぬようにしなければならなかった。あれこれ当て推量をしてみてもはじまらない。わたしはドアを開けた……ここを出ようとしたのだ。ボルスターのようなやつのために, みすみす何もしないでカモにされるつもりはなかった。

　夜のこの時間では, 使えるエレベーターはひとつきりだった。そのエレベーターは, わたしの事務所のちょうど向い側にあった。エレベーターの箱が動いているとき, ドアの上の表示灯が各階の数字を点滅させる。わたしは夜警を呼ぶボタンを押したかった。(エレベーターが上がってくる音)だが, まだボタンを押せないでいるうちに, エレベータの箱は上がって来はじめたのだ。だれかが上がって来ようとしていた。わたしは駆けだしたかった。が, どこへ逃げたらよいのかわからなかった。わたしは最上階にいたのだ。

　わたしは天井に目をやった。廊下のつきあたりにらせん階段があって, これは, 天井を通りぬけられる落し戸に通じていた。どこかに, 屋上へ出られる通路があるにちがいなかった。わたしは, そこへ向かって走りだした……が, ハタと立ち止まった。馬鹿だった。そんなことをしなくても, いつでも下へ降りられる階段があったではないか。わたしは出口の標示に向かって走りだし, ひょいと階段へ入ったが, ひとつの階段を下

and I smacked right into it. A steel gate spread like an accordion across the bottom landing. The gate they always fastened in place at nine o'clock.

Trapped, I was trapped. And then I just stood there, everything quiet. What happened to the elevator? Then I heard the door open. (*clattering noise of elevator*) Downstairs, right below. Didn't come up to the eighth. It was the night man letting off the cleaning woman. I walked back up the steps....

The light on the indicator showed the fifth floor. Then the indicator started flashing again. It was going down. Now it was my turn to signal the night man while he was still in the car. (*phone rings*) Before I had a chance, the telephone began to ring. (*starts running*) It was coming from my office. Keep ringing, Joe. I'm coming. Just don't stop ringing.

War: Hello, hello, Joe?
Woman: Oh, ain't this Gladstone 2707?
War: That's right, are you calling...?
Woman: Well, give me Sammy.

りきると，すぐさま行き当りにぶつかってしまった。階段下の踊り場に，スチール製の扉が，まるでアコーディオンのように広がっていたのだ。扉はいつも，9時になると元通りに閉じられてしまうのだった。

　閉じ込められた……ワナにかかったような気分だった。そしてわたしは，ただそこに立ちつくした。あたりは，すっかり静まり返っていた。エレベーターはどうなったのだろう。と，そのとき，エレベーターのドアが開く音が聞こえた。(エレベーターのガタガタ鳴る音)　それは下の階，すぐ下の階だった。8階までは上がって来なかったのだ。夜警が，清掃係の女性を帰らせているのだった。わたしは階段を上り，戻っていった……。

　エレベーターの表示灯は，5階を示していた。それから表示灯は，また点滅をしはじめた。下りてゆくのだった。夜警がまだ箱の中にいる今こそ，わたしが夜警を呼び出す番だった。(電話が鳴る)　まだ呼び出せぬうちに，電話が鳴りはじめた。(駆けだす)　電話の音は，わたしの事務所からだった。鳴らしつづけてくれよ，ジョー。いますぐ行く。たのむから電話を切らないでくれ。

ウォーレン：	もしもし，ジョーか？
女：	ああ，お宅はグラッドストーンの2707番？
ウォーレン：	ですが，どちらへおかけで？
女：	ええ，サミーを出してください。

War: Who?

Woman: I want to talk to Sammy.

War: Oh, right number, girlie, wrong party. (*hangs up*)

War (Nar): I looked at the clock. It was no use. Too late, even if he did call. I started to go. I saw the bottle on the table. I had to take another drink. (*pouring whisky*) I felt a little better. Now I had to get out. (*phone rings*)

War: Hello?

Woman: Hello, it's me again.

War: Look, girlie, there's no Sammy at this number.

Woman: I know but you sounded kind of lonely. I'm lonely too.

War: Forget it, will you? Don't tie up my phone, understand?

Woman: Sure, I know, you waiting for a call, too?

ウォーレン:	どなたですって？
女:	サミーと話したいんですけど。
ウォーレン:	ああ，あなた，番号は当っていますが，相手ちがいですよ。

（受話器を置く）

ウォーレン(語り):	わたしは時計を見た。無駄なことだった。ジョーが電話をかけてきたとしても，もう手遅れだった。わたしは行きかけて，テーブルの上のボトルを見た。もう1杯ひっかけずにはいられなかった。（ウイスキーを注ぐ音）これで少しは気分もよくなった。もう脱け出さねばならなかった。（電話が鳴る）

ウォーレン:	もしもし？
女:	もしもし，また，あたしですけど。
ウォーレン:	いいですか，あなた，この電話番号のところにサミーっていう人はいないんですよ。
女:	わかっているわ。でも，あなたの声がなんとなく寂しそうに聞こえたものだから。あたしも寂しいのよ。
ウォーレン:	やめてくれ。この電話をふさがないでもらいたいんだよ，わかったな？
女:	ええ，わかるわ，あなたも電話を待っているのね。

War: Get off my number. I don't want my phone tied up.

Woman: Sure, sure, I understand but, just in case, won't you take my...? (*Warren hangs up*)

5

War (Nar): I started to go and I wasn't going to stop, not for anything. I realised it might be too late. Suppose he was on his way up? Suppose he was watching the entrance? Why did that girl call back? What did she want? Then I knew it was a trick, a typical hoodlum trick. Bolster was using that girl to check up on me, playing cat and mouse. His way of holding me to the phone, making sure, while he was on his way up, a trick.

Twenty minutes to ten. The clock kept staring at me, the minute hand beating its way around the circle. Twenty minutes to ten. (*phone rings*) That girl again checking up on me. Who did Bolster think he was kidding? He knew I had to answer that phone.

ウォーレン： この番号にはかけないでもらいたい。電話をふさがれたくないんだ。

女： ええ，わかりましたよ。でも，その気になったら，わたしとおつきあいを……？（ウォーレン，電話を切る）

⑸

ウォーレン(語り)： わたしは外へ出かかった。どうしても，じっとしている気になれなかったのだ。もう手遅れかもしれないとは，わかっていた。やつが，ここへ上がってくる途中だとしたらどうする？　それに，やつが入口を見張っているとしたら？　なんだって，あの女は2度も電話をかけてきたのだろう。あの女の用件は何だったのか。このとき，わたしにはわかったのだ——あれはワナ，ならず者がよくやる手口のワナだったのだと。ボルスターは，あの女を使って，わたしがいるかどうかを確かめようとしていたのだ，ネズミをもてあそぶネコのようなやり方で。やつがエレベーターで上がってくるあいだ，わたしを電話に釘づけにし，わたしをしっかりと捕まえておくあの男の手——ワナだったのだ。
　10時20分前だった。時計はわたしをじっと見すえつづけ，長針は文字盤の上をコツコツとめぐっていた。10時20分前。（電話が鳴る）あの女が，またもやわたしの所在を確かめようとしているのだ。ボルスターのやつ，いったいだれをからかおうと考えているのか。わたしが電話に出ないわけにはいかぬことを，やつは知っているのだ。

War: Hello?

Joe: Warren?

War: Joe! You don't know how I've been trying to get you, all night.

Joe: Yeah, I know, your line's been busy.

War: Oh, come on over, Joe.

Joe: What's the matter?

War: There's no time to talk, just get here.

Joe: Well, I've got a date, Warren. It's on my only night off. You know how Madge is.

War: Joe, this is a matter of life and death.

Joe: Whose life?

War: My life.

Joe: Oh, well..., I'll be right there.

War: Before ten, Joe. It's got to be before ten.

(*music*)

ウォーレン:	もしもし？
ジョー:	ウォーレンか？
ウォーレン:	ジョー！ 夜通し，きみをつかまえようとして，どんなに苦労したかわからんだろう。
ジョー:	いや，わかってるさ，お宅の電話はふさがり通しだったからね。
ウォーレン:	ああ，こっちへ来てくれないか，ジョー。
ジョー:	どうしたんだ。
ウォーレン:	説明しているひまはないんだ，すぐこっちへ来てくれ。
ジョー:	それはいいが，こっちにも約束があるんだよ，ウォーレン。夜勤の非番は，今夜だけなんでね。マッジがどういう女か，知っているだろう。
ウォーレン:	ジョー，これは生きるか死ぬかの問題なんだ。
ジョー:	だれの？
ウォーレン:	わたしのだ。
ジョー:	ああ，それじゃあ……いますぐ行くよ。
ウォーレン:	10時前にだぞ，ジョー。どうしても10時前でなくちゃならないんだ。　　　　　　　　　　　　　　　　　　（音楽）

6

War (Nar): My eyes were drawn to the clock again. I watched the minute hand cutting down the time. If Joe came in a squad car, he'd be here in a matter of minutes. But it was his night off, maybe he wouldn't be able to get a cab. (*sound of bottle and glass*) I took another drink, just for luck. I opened the door and listened for the elevator. It didn't take long. I went into the hallway. The light on the indicator was flashing. 2, 3, 4, maybe it wasn't Joe. Maybe it was Bolster. How was I to know? I ducked into the stairway landing, watching. (*door of elevator opens*)

War: Joe!

Joe: Warren, are you nuts?

War: Oh, I've never been so glad to see you, to see anybody.

Joe: You know better than that, coming up from behind a guy... Hey, you look terrible, what's wrong? Well?

(6)

ウォーレン(語り): 　わたしの目は時計に引きつけられていた。長針が時をきざむのを見守っていた。ジョーがパトカーで来てくれれば，ここにはものの数分で到着するだろう。だが，ジョーは今晩非番だったし，タクシーもつかまらないかもしれない。(ボトルとグラスの音）わたしは幸運を祈って，もう1杯スコッチを飲んだ。それからドアを開けて，エレベーターの音に聞き耳を立てた。いくばくの時間もたたないうちに，わたしは廊下に出た。表示灯の光が，ちかちかしていた。2，3，4——もしかすると，これはジョーではないのかもしれなかった。ひょっとして，ボルスターかもしれなかった。どうしてわたしに，それを知り分けることができたろう。わたしは階段の踊り場に身をひそめて，様子をうかがった。
　（エレベーターのドアが開く）

ウォーレン: 　ジョー！
ジョー: 　ウォーレン，気でも狂ったのか。
ウォーレン: 　ああ，きみと会えてこんなに嬉しかったことはないよ，ほかのだれに会っても，これほどはね。
ジョー: 　ばかなことをするじゃないか，ひとのうしろから出てきたりして……。おい，すっかりおびえたような顔をしているじゃないか，どうしたんだ。え？

War: Don't close the door, Joe.

Joe: Why?

War: When he comes, we can hear the elevator.

Joe: OK, now, what's it all about?

War: He's due here at ten o'clock. He's a killer.

Joe: Who is a killer?

War: I have to start from the beginning.

Joe: You don't have much time.

War: But you won't understand unless I explain.

Joe: OK, but don't start dramatizing, it's a quarter to ten.

ウォーレン： ドアは閉めないでくれ，ジョー。
ジョー： どうして？
ウォーレン： やつが来たら，エレベーターの音が聞こえるからだよ。

ジョー： わかった。で，いったいどういうことなんだ。
ウォーレン： やつは，10時にここへ来ることになっているんだよ。殺し屋なんだ。
ジョー： 殺し屋ってだれのことだ。
ウォーレン： 最初から話をしなくては。
ジョー： あまり時間はないんだろう。
ウォーレン： だが，説明しないと，きみにわからないからね。

ジョー： いいさ，だけど簡潔にたのむよ，10時15分前だぜ。

7

War: Well, we have to start with the day Lilly was murdered. Remember I called you and when you came, you found me sitting in the bedroom looking at her? Her head hanging almost to the floor, the rest of her doubled up in the bed, her auburn hair gently suspended like someone spun fine silk around where the bullet went through that lovely head.

(*music*)

She was so beautiful, I was sitting there looking at her with the sounds tumbling around my head. The photographers, the newspapermen, flashbulbs, all like a bad dream.

(*hum of voices*)

Photographer: Look, can't you take the hair away from her face?

(7)

ウォーレン:　さてと，リリーが殺された日のことから話をはじめなくてはいけないね。おぼえているだろうか。あのとき，ぼくが電話して，きみが来てみると，わたしは寝室に坐ってリリーを見ているところだったね。リリーの頭は，床に着きそうなほど垂れ下がり，からだのほうはベッドの上で折れ曲っていた。弾丸の射ち込まれたきれいな頭のまわりに，だれかが上物の絹糸を紡ぎでもしたかのように，とび色の髪がやわらかに垂れていた。　　　　　　　　　　　　　　　　　　　（音楽）

　リリーは，じつに美しかった。わたしは坐りこんで彼女を見ていたが，頭の中では，いろいろな音がごたまぜになって鳴っていた。カメラマンたち，新聞記者連中，フラッシュ，どれもこれも悪夢を見ているようだった。
（がやがやいう人々の話し声）

カメラマン:　ねえ，彼女の顔にふりかかった髪の毛を取りのけてもらえませんか。

Joe: I'll cut your head off if you touch that body.

Newspaperman: Let's see the gun.

Joe: Show him the gun, Mike.

Mike: It's a gun, what's there to see?

News: We understand it's Warren's gun.

Joe: You understand nothing until it's official.

News: The coroner said it happened this morning, about four hours ago. How about that, Lieutenant Scaponni?

Joe: Don't ask me...Mike.

Mike: Yeah?

Joe: They've had enough, get 'em out of here.

Photo: Wait a minite, not so fast. I want one more shot, Warren...er, put that drink back in your hand, Mr. Warren, please.

Joe: Now look, fella, don't overdo it.

Photo: Er, this is no private affair, Lieutenant Scaponni.

ジョー：	遺体にさわったりしたら，首を斬り落してやるぞ。
新聞記者：	ピストルを見せてくださいよ。
ジョー：	見せてやれ，マイク。
マイク：	これがピストルだが，どこを見ようと言うんだ？
新聞記者：	それはウォーレンのピストルだそうですね。
ジョー：	公式に認定されるまでは，なんとも言えやしないよ。
新聞記者：	検視官の発表では，犯行は今朝で，4時間ほど前のことだといいますが。この点についてはどうですか。スカッポーニ警部補。
ジョー：	そんなこと，わたしに訊かないでくれ……。マイク。
マイク：	はい。
ジョー：	この方たちは，もう十分に情報をつかんだのだから，お引き取り願ってくれ。
カメラマン：	そう急がないで，ちょっと待ってくださいよ。もう一枚，撮っておきたいんです。ウォーレンさん……ええと，もういちどその酒を手に持ってください。お願いしますよ，ウォーレンさん。
ジョー：	おい，気をつけろよ，やりすぎは禁物だぞ。
カメラマン：	これは私事じゃないんですがね，スカッポーニ警部補。

Joe: Why don't you lay off?

Photo: Well, put the drink back in his hand.

Joe: Take it the way he is and get out.

News: We'd like to do it the way it happened. He had a drink in his hand.

Photo: It wouldn't look so good, Lieutenant, if the papers said you were covering up for a life-long friend.

Joe: Mike, get 'em out of here. (*People leave, saying, 'Wait a minute,' etc.; door closes*) Well, this is some mess, Warren.

War: Yeah.

Joe: How did it happen?

War: Oh, I loved her, Joe. You knew how I loved her, more than anything in the world. Now look at her.

Joe: Yeah.

War: You know we'd been fighting. Last night was the worst it ever happened. So I ran out of the house.

Joe: What time?

ジョー：	もうよさないか。
カメラマン：	さあ，酒を手に持ち直させてくださいよ。
ジョー：	そのままのウォーレンを撮って，出ていくんだ。
新聞記者：	われわれとしては，起こった通りに撮りたいんでね。ウォーレンは手に酒を持っていたんですよ。
カメラマン：	警部補，あなたが終生の友をかばい立てしたなんて新聞に書き立てられたら，お立場もあまりいいものではなくなりますぜ。
ジョー：	マイク，この連中をここから叩き出せ。（人々が立ち去る。口ぐちに「ちょっと待ってくれ」などと言いながら。ドアの閉まる音）やあ，とんだ騒ぎだな，ウォーレン。
ウォーレン：	ああ。
ジョー：	どんなふうに事件は起こったのかね。
ウォーレン：	ああ，ぼくは彼女を愛していたんだ，ジョー。どんなに愛していたかわかってるだろう。この世の何よりもだ。だけど，彼女の姿を見てくれ。
ジョー：	ああ。
ウォーレン：	ぼくたち夫婦がけんかをしていたのは知っているだろう。ゆうべのけんかは，いままででも最悪だった。で，ぼくは家を飛び出したんだよ。
ジョー：	何時だった？

War: Oh, right after dinner. I went down to the Silver Grill and had a couple. You can check on that.

Joe: Uh-uh.

War: Then the Biltmore and had a few more. And I remenber calling a cab on Seventon Hill and then...so help me, Joe, that's all I remember.

Joe: What do you mean, that's all you remember?

War: Well, that's all. I drew a blank. We've known each other all our lives, Joe. Do you ever know me to black out?

Joe: Well, that's not like you, Warren.

War: But that's what happened. I don't remember anything.

Joe: Until when?

War: Until I woke up and called you.

Joe: Where did you wake up?

War: Right here in the bedroom.

Joe: In bed?

ウォーレン：	夕食のすぐあとだったね。ぼくは「シルバー・グリル」へ行って，2，3杯ひっかけた。この点については調べてくれてもいいよ。
ジョー：	そうか。
ウォーレン：	それから「ビルトモア」へ行って，さらに2，3杯飲んだ。そのあとセブントン・ヒルでタクシーを呼んだのはおぼえているんだが……。そういうわけだから，助けてくれ，ジョー。覚えているのはそれだけなんだよ。
ジョー：	どういうことなんだい，覚えているのはたったそれだけ，とは。
ウォーレン：	ああ，これっきりなんだ。思い出せないんだよ。ぼくたちは，ガキのころからのつき合いだよな，ジョー。このぼくが，すっかり記憶を喪失したことなんてあったかね？
ジョー：	いや。そんなのはきみらしくないな，ウォーレン。
ウォーレン：	ところが，その通りになってしまったんだよ。なにも覚えていないんだ。
ジョー：	いつまでのことを？
ウォーレン：	目を覚まして，きみを呼ぶまでだ。
ジョー：	目を覚ましたのはどこでだ？
ウォーレン：	ほかでもない，この寝室でだよ。
ジョー：	ベッドに入っていたのか。

War: No, in this chair. Just like I am now. I saw Lilly, just like she is now, blood on the floor. I know she's done for. My beautiful Lilly. Then I get up to get a bottle. Then I sit down again in this chair. I take one good long drink. I reach for the phone on the night table. I call you. I've been sitting here since...with the bottle.

Joe: Uh-um, and the gun. Is it yours, Warren?

War: You know that gun is mine.

Joe: It was on the floor. It's the gun that killed her.

War: Joe, do you think I did it?

Joe: Well, I don't have to tell you how it looks.

War: I know how it looks. What I want to know is do you think I did it.

Joe: I'll have to book you, Warren.

War: I couldn't have killed her, Joe. You

ウォーレン：　いや，この椅子でだ。ちょうど今，こうしているようにね。ぼくはリリーを見た。ちょうど今の姿のまんま，床に血を流しているところをね。死んでいるのは，ぼくにもわかる。きれいな，ぼくのリリーがだよ。それからぼくは立ち上がってボトルを取る。そしてまた，この椅子に坐る。1杯，たっぷりと時間をかけて飲む。ナイト・テーブルの上にある電話に手をのばす。そして，きみを呼ぶ。あれからずっと，ぼくはここに坐っている……ボトルを手にしたまま。

ジョー：　ううむ，それじゃピストルはどうなんだ。きみのなんだろう，ウォーレン。

ウォーレン：　知っての通り，ぼくのものだよ。

ジョー：　床に落ちていたんだ。リリーを殺害したのは，このピストルなんだがね。

ウォーレン：　ジョー，ぼくがやったと思っているのか。

ジョー：　まあ，どういう状況と映るかは，ぼくの口から言うまでもないことでね。

ウォーレン：　状況はぼくにもわかっているさ。ぼくが知りたいのは，やったのはぼくだと，きみが思っているかどうかだよ。

ジョー：　逮捕せざるをえないだろうな，ウォーレン。

ウォーレン：　ぼくにはリリーを殺せるはずがなかったんだよ，ジョー。そのこ

Joe: know I couldn't. I'd loved her too much. I couldn't have killed her, Joe.

Before we get to trial, Warren, for your own good, you'd...better start remembering. (*music*)

8

War: Seems like a long time ago, Joe. I just couldn't remember what I'd been doing in the bedroom after Lilly was murdered. Couldn't even remember how I got there.

Joe: Two minutes ago you were scared to death. You were trying to reach me every place in town, while I'm here.

War: Do you remember that day in the courtroom?

Joe: What's that got to do with a killer who's on his way up here?

War: Quite a bit, Joe. That's what I'm coming to. But before he comes, you've got to

実況中継CDセミナーGOES '06/5/15開講

NEW!

英単語ベイシック講座
英単語アドバンスト講座

山口 俊治先生（日本医科大学元教授）
Timothy Minton先生（日本医科大学助教授） 

英語のオメ手は、やっぱり単語力。
ゼロから始めて約20時間で1万語達成!!

▼ 単語に自信ありますか？

山口：英語で真っ先に自覚できるのは単語力ですね。中学で覚える単語数がまあまあにせよ、高校から大学入試にかけて必要な単語が爆発的に

（本講座は必要不可欠な単語を網羅するばかりかそれぞれの単語が実際にどう使われるか本物の実例を与えてくれます）

山口：未知の単語はいくつ？百則他

カリキュラム
[PART I] WORD CHECK

英単語コラム
- 音声に注意する単語
- アクセントに注意する単語
- 「この意味に注意！」の単語
- 区別して覚える単語
- 対立語の組み合わせ
- 使い方に注目する単語
- 「ことわざ」で覚える単語
- 単語力を強化する重要語（1）

▼ セクシー
▼ インテリック
▼ 試験し講

目と耳、さらに手と口までを動員することで、1万語レベルの英単語を約20時間で記憶するマスター日本初の単語マスター教材！

その1! 読んで覚える英単語 Make it!

持ち歩いていつでも見られるケータイ判
英単語 Make it!
声に出して発音してみましょう！

英単語 Make it! 〜アドバンスト・コース〜
山口俊治/E.ミントン
「使える英語」をめざすの英単語ケータイ辞典。
編集 語学春秋社 発行

英単語 Make it! 〜ベイシック・コース〜
山口俊治/E.ミントン
「使える英語」をめざすの英単語ケータイ辞典。
編集 語学春秋社 発行

その2! 聴いて身につく 英語脳をつくる

私におまかせ!!

とはわかっているだろう。そんなことできっこないほど愛していたんだから。ぼくにはリリーを殺せるはずがなかったんだ，ジョー。

ジョー：　ウォーレン，裁判になる前に，記憶を取り戻したほうがいいよ……それがきみ自身のためだからね。　　　　　　　　（音楽）

⑻

ウォーレン：　もう遠い昔のことのようだな，ジョー。リリーが殺されたあと，自分が寝室でなにをしていたのか，ぼくにはまるで思い出せなかった。どうやって寝室までたどりついたのか，それさえ思い出せなかったんだよ。

ジョー：　きみは2分前まで，死ぬほどおびえていたね。ぼくがここへ来るまで，ぼくをつかまえようとして町中のいたるところを探しまわっていた。

ウォーレン：　法廷での，あの日のことを覚えているかい？

ジョー：　今にもここへやって来ようとしている殺し屋と，それがなんの関係があるっていうのかね。

ウォーレン：　大いに関係があるんだよ，ジョー。ぼくの話はまさにそこへつながるんだ。だが，やつがここへ来る前に，これまでのいき

Joe: know the whole story.

I know the whole story.

War: Not quite. Think back to that day in court, Joe. Do you remember how bad it looked for me? All the newspapers were sure I was done for, because I couldn't remember where I was when she was killed. And I knew I was somewhere else when it happened. With all the evidence piled against me, everybody's sure I was a dead duck. You and Madge in court at my side and the prosecuting attorney pressing the jury for the full penalty.   (*music*)

9

Prosecutor: ...And the only defense offered by the accused is that he doesn't remember. He pleads not-guilty claiming temporary insanity. Forgetfulness as so conveniently happening to the accused cannot be con-

ジョー： さつを一通り知っておいてもらわなくては。
ぜんぶ知っているよ。
ウォーレン： いや,十分には知っていないさ。法廷での,あの日のことを思い返してみてくれよ,ジョー。ぼくの形勢がどんなによくなかったか,おぼえているかい？ 新聞という新聞はみな,ぼくはもうだめだと信じて疑わなかった。リリーが殺されたとき自分がどこにいたのか,ぼくには思い出せなかったのだからね。ところが,事件が起こったとき,自分がよその場所にいたことがぼくにはわかっていたんだ。ぼくにとって不利な証拠が山と積みあげられていたので,だれも彼も,ぼくはお終いだと信じていた。法廷では,きみとマッジがぼくのとなりに控えていたが,検事は死刑を求めて,陪審に詰め寄っていた。

(音楽)

⑼

検事： ……しかも,被告人から提出されている唯一の弁護材料は,記憶がないということだけであります。被告人は,一時的に正気を失っていたと主張して,無罪を求めております。被告人にとって,かくも都合よく発生した記憶喪失は,正気を失っていたものとは解釈できません。州は,法の定めるところによ

strued as insanity. The state must bare for us that the full penalty according to the law...

(*scream; Warren falls down*)

Joe: Madge. (*sound of gaveling*) You get me some water.

Man: Hey, he passed out.

Lady: The poor man, he just couldn't take it that...

Judge: (*gaveling*) This court will keep order. Order!

Joe: You're alright now, Warren?

War: Joe, I..., I didn't do it.

Joe: Yes, sure, sure.

War: Joe, I remember now. I remember, I didn't do it. I was out of town when it happened. I was out of town.

(*music*)

り，死刑が相当であると判示しなければならないのであります……。
（悲鳴。ウォーレン倒れる）

ジョー： マッジ。（槌を鳴らす音）水をもってきてくれないか。

男： やあ，被告は気を失ってしまったぞ。
女： かわいそうに，求刑に耐えられなかったのね……。

判事： （槌を鳴らしながら）当法廷は静粛でなければなりません。静粛に！
ジョー： もう大丈夫かね，ウォーレン？
ウォーレン： ジョー，ぼ，ぼくは殺っていないんだ。
ジョー： ああ，そうとも，そうだとも。
ウォーレン： ジョー，いま思い出した。思い出したんだよ，自分が殺っていないことを。犯行があったころ，ぼくは市内にいなかった。町にはいなかったんだよ。　　　　　　　　　　　（音楽）

🔟

War: I was out of town when Lilly was murdered, Joe, and we proved it, remember? And I was acquitted. Like a bad dream, wasn't it?

Joe: Look, for the last time. Warren, is this what you called me up to your office for? What's this got to do with somebody coming over here to kill you?

War: Yeah, like a bad dream.

Joe: OK, Warren, I've got a date with Madge.

War: Oh, no, Joe, you've got a date with a killer.

Joe: Then who is the killer?

War: I'll never forget that day they acquitted me. I walked out of court a free man.

Joe: I know you weren't guilty, your alibi proved you weren't guilty. I know all

(10)

ウォーレン： 　ジョー，リリーが殺されたとき，ぼくは市内にいなかった。で，ぼくたちはそのことを証明したんだったよね，覚えているかい？　ぼくは無罪放免された。あれは，悪夢のようだったね。

ジョー： 　いいかい，これが最後だぞ。ウォーレン，ぼくをきみの事務所へ呼びつけたのは，こんなことのためだったのか？　だれかが，きみを殺しにここへやってくるっていうことと，これとなんの関係があるんだ。

ウォーレン： 　ああ，あれは悪夢のようだった。

ジョー： 　わかったよ，ウォーレン。ぼくにはマッジと会う約束があるんでね。

ウォーレン： 　ああ，ダメだよ，ジョー，きみには殺し屋と会ってもらわなければ。

ジョー： 　じゃ，殺し屋っていうのはだれなのかね。

ウォーレン： 　ぼくは，無罪放免されたあの日のことを決して忘れない。自由な人間になって，ぼくは法廷を出たんだ。

ジョー： 　きみが無罪だったことは知っているよ。アリバイがきみの無罪を証明したんだ。なにもかもわかっているさ。

that.

War: Yes, Joe, but you don't know...I was guilty.

Joe: (*gasps*) What did you say?

War: I was guilty.

Joe: Er, you're losing your mind, Warren. You're nuts.

War: If I'm nuts, what does that make you?

Joe: Make sense, Warren.

War: Lilly thought I was nuts too, smart little woman. Thinks that she could make a sucker out of me. She was going to leave me, take half of all I had. That's what she thought.

Joe: How did you kill Lilly that morning when you were in Glendale? I know you were in Glendale because your alivi proved it.

War: It was Lilly gave me the idea how to do it. You know how beautiful she was.

ウォーレン： そうだとも、ジョー。ところが、きみは知らないでいるが……ぼくは有罪だったのだよ。

ジョー： （息をのむ）いま、なんと言った？

ウォーレン： ぼくは有罪だったのさ。

ジョー： ああ、きみは正気を失っているんだよ、ウォーレン。頭がおかしくなっているんだ。

ウォーレン： もしぼくの頭がおかしいというんなら、きみは何になるのかな？

ジョー： 正気を取り戻せよ、ウォーレン。

ウォーレン： リリー、あの小ざかしい女も、ぼくのことをばかな男だと思っていた。ぼくをとんまな男に仕立てられると思っていたのさ。財産の半分を奪って、ぼくと別れようとしていたんだよ。それが、あの女の考えだったんだ。

ジョー： あの朝、きみはグレンデールにいたのに、どうやってリリーを殺したのかね。きみがグレンデールにいたのは知っているよ、アリバイで証明されているからね。

ウォーレン： どうやって殺すかは、リリーが思いつかせてくれたよ。あの女が美人だったのは、きみも知っての通りだ。毎週木曜日、こ

Every Thursday, the maid's day off, she stayed in bed, slept the clock around, taking care of her looks. I began figuring—Lilly all day alone, Lilly in bed. All I had to do was hire somebody to kill her while I was out of town.

Joe: Then the guy coming up here...?

War: That's right, is the killer. A three-time loser and very tough. I gave him my gun to do it with and that's all there was to it. He's the man you want, Joe. He's on his way up here to kill me. Instead of doing that, you'll arrest him and clear your books on the Lilly case.

Joe: So, this is why it was so important for me to get here, huh?

War: Well, you have to admit it was neat—getting myself pinched, faking the blackouts, stacking the evidence against myself and forcing you to bring me to the

の日はメイドの休みの日なんだが，リリーは美容のためにと気を使って，ベッドに寝たきり，日がな一日睡眠をとっていた。で，ぼくは計算を立てはじめたのさ——リリーは一日中ひとりだ，ひとりでベッドに入っていると。だから，自分は市外にいて，そのあいだにあの女を殺してくれる者を，だれか雇うだけでよかったんだよ。

ジョー：　じゃあ，ここへ来ようとしているやつが，そいつなんだな……？

ウォーレン：　その通り，そいつが殺し屋なのさ。前科3犯の，たいへんな強者(つわもの)だよ。ぼくはその殺し屋に，犯行用としてぼくのピストルを渡した。これで，話はぜんぶ終りというわけだ。あいつこそ，きみのお尋ね者なんだよ，ジョー。やつはいま，ぼくを殺しにここへやって来ようとしている。そうはさせずに，きみはあの男を逮捕してくれ。そうして，リリー殺害事件については，一件落着ということにしてくれ。

ジョー：　そうだったのか，だからこそ，ぼくがここへ来ることが肝心かなめだったんだな，え？

ウォーレン：　そうさ。巧妙な仕掛けだったことは，きみも認めざるをえまい——つまり，ぼくはわざと自分を窮地におとしいれ，記憶喪失のふりをし，自分に不利な証拠を山と積み上げ，きみがぼくを起訴せざるをえないように仕向けたんだよ。生れてこのかた，ぼくは

trial. I never had a blackout in my life, but it got me off. Great law, that double jeopardy puts you on the spot though, doesn't it, Joe? You know I'm guilty but there is nothing you can do about it. The law says I can't be tried twice for the same crime. You see, Joe, I happen to be one of those lawyers who knows his law.

Joe: Yeah, you've always been at the head of the class, never worked too hard to get there. Just by looking over the next guy's shoulder and using him was the smart way. Huh. Yeah, kiddy, very neat.

War: I knew you'd be a good sport about it.

Joe: Maybe I'm just another dumb cop to you. But I don't like anybody making a sucker out of me, especially a guy who's supposed to be my 'good friend.'

War: Where are you going?

Joe: You've got a date with this killer who's

記憶喪失になんかなったことはない。だけど，そのおかげで，ぼくは助かったのさ。偉大なる「一事不再理の原則」（同一の犯罪について二重に訴追されることはない，という法）ってわけだ。しかしそいつは，きみの立場を難しくしたようだね，ジョー。きみは，ぼくが有罪だということを知ったわけだが，どうすることもできはしない。法律の定めでは，同じ犯罪で，ぼくを再び裁くことはできないんだ。知っての通り，ジョー，ぼくはたまたま，専門の法律については詳しい弁護士連中のひとりなんだからね。

ジョー： そうだな，きみはいつも，クラスのトップだったものな。しかも，大した勉強もしないでトップにのし上がったんだ。ただ，となりにいるやつの肩越しに見て，そいつを利用するっていうのは，ぬけ目のないやりくちだったよ。ふん。たしかに，おまえさんはじつに巧妙さ。

ウォーレン： こんどの件では，きみがいいカモになってくれると思っていたよ。

ジョー： たぶん，きみにとっては，ぼくもまぬけな警察官のひとりにすぎないんだろうな。だけど，ぼくだって自分をまぬけ扱いするようなやつは嫌いだね。ことに，そいつがぼくの「親友」だということになっている場合は，なおさらだ。

ウォーレン： どこへ行くんだ。

ジョー： きみは，今にもここへやって来そうなその殺し屋と待ち合

due here any minute. Well, I got a date with my girl. Good night, Warren. We're both going to keep our dates. (*Joe is going out of room*)

War: Joe, what are you trying to do? You're a cop. You've gotta pick him up. He's a killer, Joe.

Joe: I can pick him up after ten o'clock, can't I?

War: Well, you can't leave me, Joe. You can't leave me here alone. (*sound of elevator*)

Joe: I don't like your company.

War: Well, he's going to kill me, Joe.

Joe: He's going to kill you. Now, why should he do that to a guy who pays so well for what he buys?

War: Well, I'm the only one that knows he fired that gun.

(*door of elevator opens*)

Night man: Are you gentlemen all through for the

わせがあるんだろう。ところで，ぼくにも彼女とのデートがあるんでね。さよなら，ウォーレン。おたがい，デートの約束は守ろうぜ。（ジョーは部屋を出ようとする）

ウォーレン： ジョー，どうしようというんだ？ きみは警察官だろう。やつを逮捕しなければいけないはずだ。やつは人殺しなんだぞ，ジョー。

ジョー： 逮捕したければ10時すぎになってからでもできるさ，そうじゃないのかい？

ウォーレン： だけど，ぼくを置いてけぼりにしてくれるなよ，ジョー。ぼくだけひとり，ここへ置き去りにしないでくれ。（エレベーターの音）

ジョー： きみとは，もう付き合いたくないね。

ウォーレン： ねえ，やつはぼくを殺しに来るんだよ，ジョー。

ジョー： やつは，殺しに来るだろうさ。だけど，やつはなんだって，買った仕事の報酬をたっぷりと支払ってくれる人間を殺さなきゃならないんだい。

ウォーレン： ああ，それは，あのピストルを撃ったのがやつだということを，ぼくしか知っていないからだよ。

（エレベータのドアが開く）

夜警： あなたがた，今夜の用事はもうお済みで？

	night?
Joe:	Yeah, I'm all through. He's going to stay.
War:	I'm going down.
Night man:	Well, step in.
Joe:	Stay where you are, Warren. (*rushes into elevator*)
War:	You can't leave me.
Joe:	Let go of my arm.
War:	Joe!
Joe:	Close the door, Mister. I said, close the door! (*door closes*)
War:	Joe, he's going to kill me, Joe!
Bol:	Hello, Warren.
War:	What?

11

War (Nar):	Bolster. It was Bolster standing there, leering at me.

ジョー：	ああ，わたしの用件は終わった。こちらの人は，まだここにいるようだよ。
ウォーレン：	わたしも下へ降りる。
夜警：	じゃ，エレベーターに乗ってください。
ジョー：	きみはそこにいるがいいよ，ウォーレン。(エレベーターに駆け込む)
ウォーレン：	ぼくを置いていかないでくれ。
ジョー：	腕を離してくれよ。
ウォーレン：	ジョー！
ジョー：	ドアを閉めて，夜警さん。ドアを閉めろと言っているんだ！(ドアが閉じる)
ウォーレン：	ジョー，やつはぼくを殺しに来るんだ。ジョー！
ボルスター：	やあ，ウォーレン。
ウォーレン：	ええっ？

(11)

ウォーレン(語り)：	ボルスターだった。ボスルターがそこに立って，わたしを意地の悪い目で見ているのだった。

War: Joe, he's here. Joe!

Bol: Shut up! Don't do that again.

War: Where did you come from?

Bol: Well, you don't think I'd ever use a front door, do you? They build these places with fire escapes, you know. Now, into your office.

War (Nar): We started walking. I had to do something. He came right behind. Then I made a break for it, into the office. (*rushes in*) Then I saw the butt of his gun smash through the window (*crash*) and then...Bolster's hand reached through and unlocked the door. (*door opens; Bolster comes in*)

Bol: Oh, you're pretty cute.

War: Bolster, you're not going to do anything. You want your money. Don't you want your money?

Bol: Oh, yeah, yeah, the money comes first.

War: Well, it is in...in one of these drawers.

Bol: You told me to do it with your gun.

ウォーレン：	ジョー，あいつがここに来てるんだ。ジョー！	
ボルスター：	黙れ！　二度とそんな真似はするな。	
ウォーレン：	どこから入って来たんだ。	
ボルスター：	ああ，まさかこのおれが，正面玄関を通ってくるなんて思いはすまい，え？　火災避難用の設備ってものが，作ってあるんだよな。さあ，おまえさんの事務所へ入ろうじゃないか。	
ウォーレン(語り)：	わたしたちは歩き出した。なんとかしなければならなかった。やつは，わたしのすぐあとをついてきていた。やがて，わたしは逃げ出そうとして，事務所へ駆け込んだ。(駆け込む)そのときわたしは，やつがピストルの台尻で窓ガラスを割るのを見た(割れる音)，それから，……ボルスターの手が延びてきてドアの鍵を 外す のを見た。(ドアが開き，ボルスターが入って来る)	
ボルスター：	ああ，おまえってやつは，なかなかぬけ目がないじゃないか。	
ウォーレン：	ボルスター，なにもしないでくれ。金が欲しいんだろう？欲しくないのか？	
ボルスター：	ああ，そうとも，金がなにより第一さ。	
ウォーレン：	じゃ，金はどこかこっちの引き出しの……な，なかにあるよ。	
ボルスター：	おまえはおれに言ったんだ，おまえのピストルで殺れとな。	

War: I don't remember which drawer.

Bol: I couldn't figure it out, why a guy should want me to plant his gun.

War: That's strange, I was sure it was...

Bol: Warren, where's the money?

War: I'm trying to find it.

Bol: Don't stall.

War: It was in a white envelope.

Bol: You know it didn't figure until you went to trial and they acquitted you. That's when I began to worry.

War: So many white envelopes.

Bol: But I still wasn't sure until tonight, when I got here, when I see what you've been up to. Find that dough!

War: I'm trying, I misplaced it.

Bol: And then it hit me. You was free and I was liable. No more tricks.

War: Should be...

ウォーレン： どの引き出しだったか忘れた。

ボルスター： おれにはわけがわからなかったぜ。なんだってまた，自分のピストルをおれに持たせたがるのかってことがよ。

ウォーレン： おかしいな，たしか，ここへ入れておいたはずなんだが……。

ボルスター： ウォーレン，金はどこだ。

ウォーレン： 探しているところだよ。

ボルスター： ごまかすんじゃないぞ。

ウォーレン： 白い封筒に入れておいたんだ。

ボルスター： おまえが裁判になって，それから無罪放免になるまでは，わからなかったぜ。おれが心配になりだしたのは，そのときからだ。

ウォーレン： 白い封筒といっても，たくさんあるのでね。

ボルスター： だが，今夜ここへきて，おまえさんの狙っていたことを知るまでは，おれにもまだ確信がなかったよ。金をみつけるんだ！

ウォーレン： みつけようとしているところだよ，置き場所がわからなくなったんだ。

ボルスター： やがて，おれも思い当ったのさ。おまえさんは自由の身だが，おれのほうは刑をまぬがれないってことにな。わなにかけられるのはもう沢山だぜ。

ウォーレン： あるはずなんだが……。

Bol: Find that dough.

War: Here, here it is.

Bol: On the desk. Lay it down. Hum. Now turn around.

War: Don't you want to see it? If it's all here?

Bol: Turn around.   (*music*)

War (Nar):   Like a dumb six year-old kid I turned around. (*gunshot*)

Bol: Oh!

War (Nar):   It was the funniest sensation, hearing a shot, feeling the panic, but nothing happened. I turned around. Bolster's eyes started to roll. His mouth opened like he had something to say. Ane then he dropped.

ボルスター：	金をみつけろっていうんだ。
ウォーレン：	こ，ここにあったよ。
ボルスター：	机の上だ。そこに置け。ふん。さあ，うしろを向け。
ウォーレン：	金をしらべたくはないのかね。全部そろっているかどうかを。
ボルスター：	うしろを向けといってるんだ。　　　　　　　　（音楽）
ウォーレン(語り)：	阿呆（あほう）な6歳の子供のように，わたしはうしろを向いたのだった。（銃声）
ボルスター：	ウウッ！
ウォーレン(語り)：	銃声を耳にし，パニックに陥り，しかしなにごとも起こらない，というのは，なんとも奇妙な感じだった。わたしは振り向いた。ボルスターの目が，ぐらつきはじめた。やつの口は，なにか言いたそうに開いていた。それからやつはくずれ落ちたのだった。

12

Joe: Now, it didn't happen to you, Warren.

War: Joe!

Joe: The elevator opposite your door and a broken window. You can thank 'em both.

War: Well, you're a very funny guy, Joe. That's some game you played. Is he dead?

Joe: He's dead. (*clinking of handcuffs*)

War: Hey, what are these for?

Joe: I'm holding you for murder.

War: Murder? How can you be so dumb? I was acquitted, remember? You can't try me again.

Joe: I'm talking about this murder.

War: Are you crazy? I didn't shoot Bolster. I didn't even have a gun.

Joe: I thought you were one lawyer who happened to know all about the law. Well, didn't you know that it makes no

(12)

ジョー：　　　　　やあ，きみは無事だったわけだな，ウォーレン。
ウォーレン：　　　ジョー！
ジョー：　　　　　ドアに向かいあったあのエレベーターと，こわされた窓ガラスのおかげだよ。両方に感謝しなくちゃいけないぜ。
ウォーレン：　　　ああ，きみって，ずいぶんおかしな男だな，ジョー。ちょっとしたゲームをやったわけだ。やつは，死んでいるのか。
ジョー：　　　　　死んでいるよ。（手錠がカチカチと鳴る音）
ウォーレン：　　　おい，手錠なんかどうしようというんだい？
ジョー：　　　　　きみを殺人罪で逮捕する。
ウォーレン：　　　殺人だって？　どうしてきみは，そうとんまなのかね。ぼくは無罪放免となった身だよ。同じ罪で二度は裁けないのさ。

ジョー：　　　　　ぼくはこんどの，この殺人のことを言っているんだ。
ウォーレン：　　　気でも違ったのかね。ぼくはボルスターを撃っちゃいない。ピストルさえ持っていなかったんだからね。
ジョー：　　　　　きみはてっきり，法律ならなんでも知っている弁護士だと思っていたがね。いいかい，ボルスターを撃ったのがだれかということはどうでもいいってことを知らなかったのか？　き

difference who shot him? The two of you were committing a felony. And the law says that all accessories to a felony are equally responsible for all acts resulting from the felony, unquote.

War: But, Joe.

Joe: Including homicide, Warren, including homicide. I don't know all about the law like you, Mr. Hervey Warren. I only know just enough to get by. Let's go.

War: Joe, wait a minute, Joe? I think I'm going to faint, I, I'm going to black out, Joe. Wait. You see...I don't remember a thing, Joe, so help me, Joe. I don't remember. *(music)*

THE END

　　　　　　みたちは2人とも，重罪を犯していた。ところで法律の定めでは，重罪にかかわりのある従犯者はすべて，その重罪の結果として生じるすべての行為に対して，同等の責任を負うものとする——となっているよ。以上で引用は終りだ。

ウォーレン：　しかしだね，ジョー。
ジョー：　　重罪のうちには殺人も入っているんだ，ウォーレン，殺人も入っているんだよ。ぼくはきみのように，法律をなんでも知っているわけではない，ハーヴェイ・ウォーレンさんよ。だけど，何とかしのげるくらいは知っているのさ。さあ，行こう。
ウォーレン：　ジョー，ちょっと待ってくれないか，ジョー。ぼくはいまにも気絶してしまいそうな気がする。ぼ，ぼくは記憶を失いかけているんだよ，ジョー。待ってくれ。ね……ぼくはなにひとつ覚えていないのだよ，ジョー，だから助けてくれ，ジョー。なにも覚えていないんだ。　　　　　　　　　　　　　（音楽）

　　　　　　　　　　　　　終

〈イングリッシュトレジャリー・シリーズ⑱〉
暗殺予告電話

2006年3月20日　初版発行Ⓒ　　　　　（定価はカバーに表示）

訳　者　須原和男
発行人　井村　敦
発行所　㈱語学春秋社
　　　　東京都千代田区三崎町2-9-10
　　　　電話 (03)3263-2894　振替 00100-7-122229
　　　　FAX (03)3234-0668
　　　　http://www.gogakushunjusha.co.jp
印刷所　文唱堂印刷

落丁・乱丁本はお取替えいたします。